南東北名山ガイド

月山

GASSAN

河北新報出版センター

山脈を背に頂上を目指

花園の奥に残雪の朝日連峰を望む

多くのハイカーでにぎわう月山の頂

見ほれるほど美しい錦繍《きんしゅう》の山並み

南東北名山ガイド

月山

一等三角点
1979.8メートル

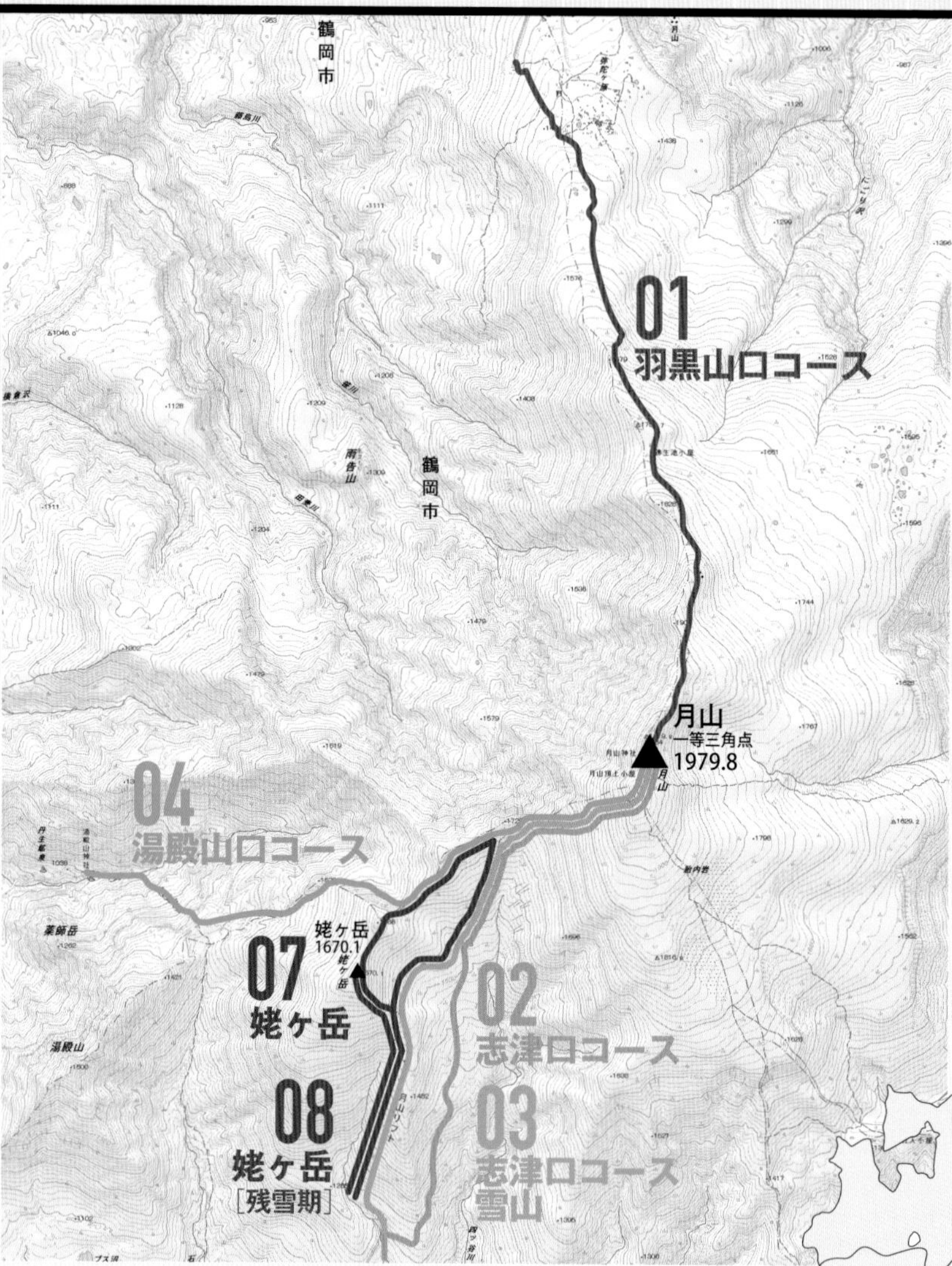

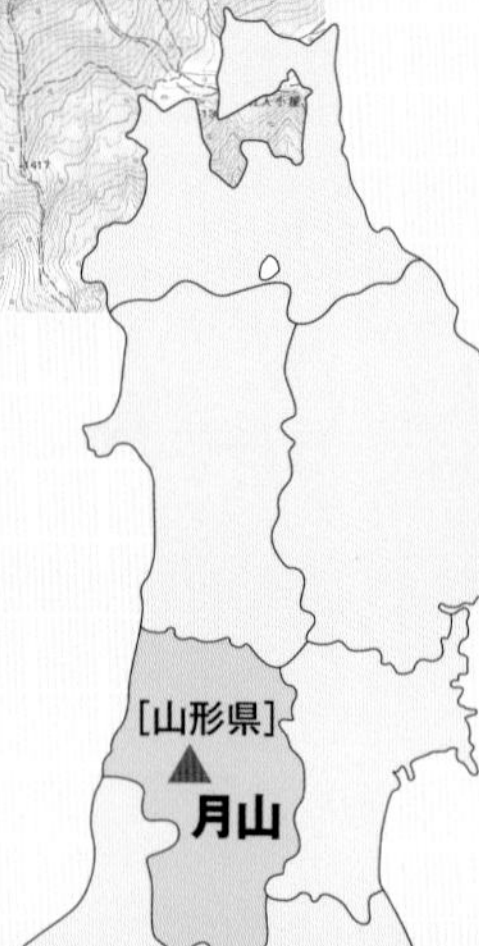

　鳥海山を最高峰とする出羽山地と、越後山脈の最北部となる朝日山地に挟まれた月山は、南の羽黒山、西の湯殿山と合わせて出羽三山と呼ばれ、登山者のみならず多くの人に畏れ敬われ、親しまれてきた。登山者にとっては、花の名山、紅葉の名山として愛され、日本屈指の豪雪地帯にあることから雪の名山としても広く認知されている。
　月山にはかつての修

目次　南東北名山ガイド 月山

コースガイド

験の道が残り、距離が長く、標高差の大きい難コースがいくつかあるが、一方で、体力、経験に応じて楽しめるコースもある。経験豊富な登山者も、これから経験を積んでいく登山者も、時に厳しく、時に優しく迎えてくれる。

course 01

羽《は》黒《ぐろ》山《さん》口《くち》コース

月山人気ルートの双璧

難易度 ★★☆☆☆
体力度 ★★☆☆☆

◉登山口　月山8合目登山口
◉参考タイム　月山8合目登山口～山頂　登り▼3時間　下り▼2時間40分

月山北面の月山高原ラインを利用して一気に8合目まで自家用車やバスで行くことができる。8合目には広い駐車場が整備されレストハウスやトイレが利用できる（8合目、9合目、山頂のトイレ利用時は100円以上の協力金を）。

　レストハウス脇には弥《み》陀《だ》ヶ《が》原《はら》湿原散策でも利用する羽黒山口コースの登山口がある。池《ち》塘《とう》を抱えた弥陀ヶ原湿原に続く木道からの風景は、景色を広く感じられ気分良くスタートできる。晴れた日には、振り返ると

石畳の道を歩き山頂を目指す

出発してすぐの弥陀ヶ原湿原

鳥海山《ちょうかいさん》の姿がよく見え、なお一層気持ちが高まる。

　登山道はやがて十字路となり、これを南進して木道から外れる。しばらくは石畳のような登山道が続くが、それほど密度が高く敷き詰められてはいない。前方に形の良い山容が見えるが、これは月山山頂の手前にあるオモワシ山だ。

　高度を上げるにつれ登山道はより石畳として整ってくる。左前方には行者《ぎょうじゃ》ヶ原《はら》

草紅葉の弥陀ヶ原の奥に鳥海山を眺望する

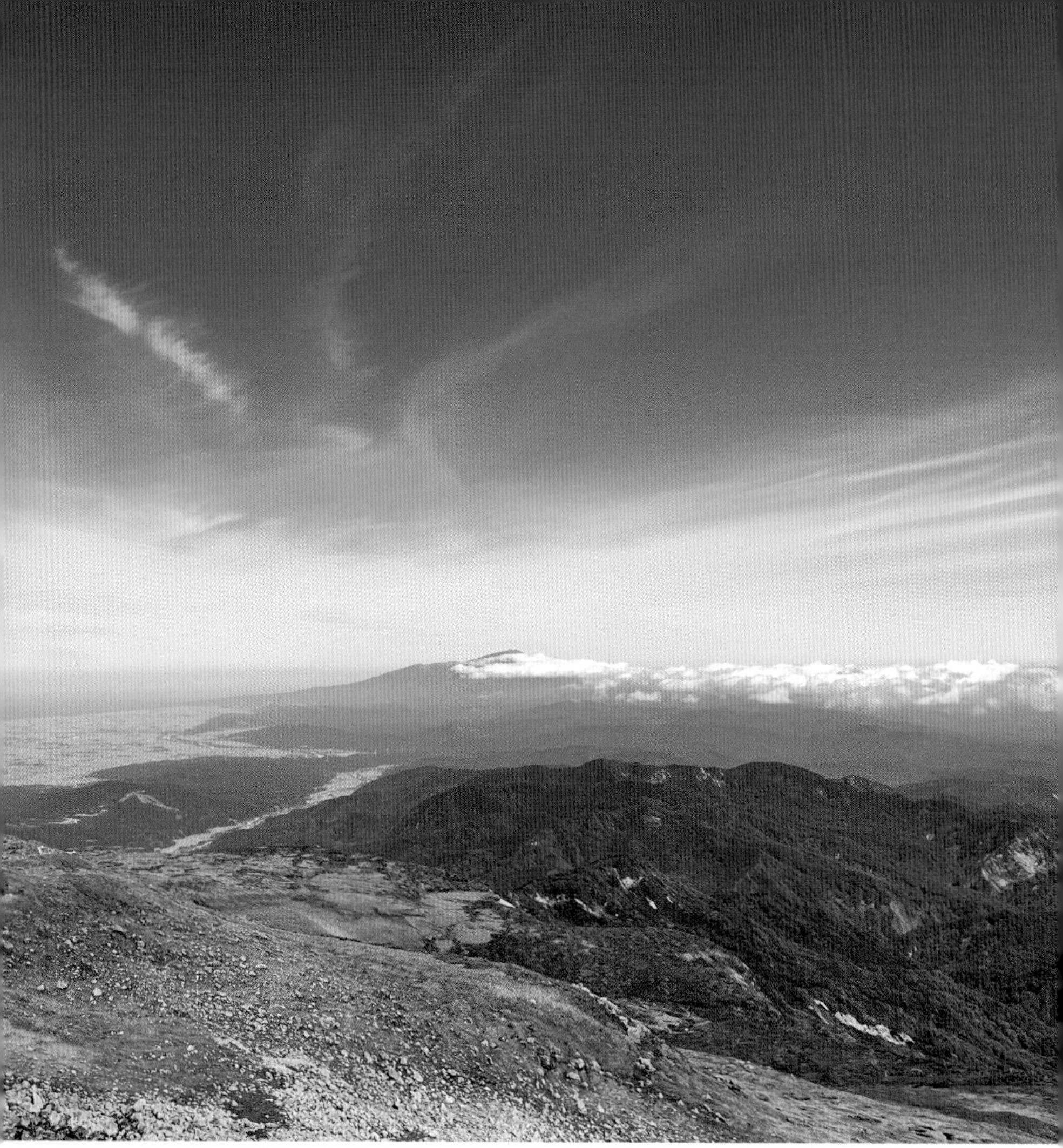

オモワシ山を横切るように登山道は続く

の広大な草原が広がって見える。オモワシ山が迫ってくると、佛生池《ぶっしょういけ》と佛生池小屋に着く。トイレが利用でき、小屋は食事付き宿泊が可能だ。

小屋を背に登山道は続く。石畳は終わり、佛生池小屋を背に展望の良い登山道を登っていくと、通り過ぎた佛生池小屋が遠のいていき高度感が得られる。傾斜が緩やかになってきた頃、再び石畳の道になり草原が広

モックラ坂手前から山頂を仰ぐ

行者ヶ原を見下ろす

大峰《おみね》を過ぎる

頂上が近づく

月山は振り返る景色の美しさも格別だ

がる。この周辺は雪解けとともに高山植物が咲き誇るスポットだ。

　石畳が終わるとまた木道に変わり、その先に鋭角な月山山頂の姿が見える。木道が終わると岩場の道となり、月山神社本宮が見えてくると山頂は近い。石垣の上に立つ神社本宮まで来れば月山の山頂だ。

コースMAP

01 羽黒山口コース

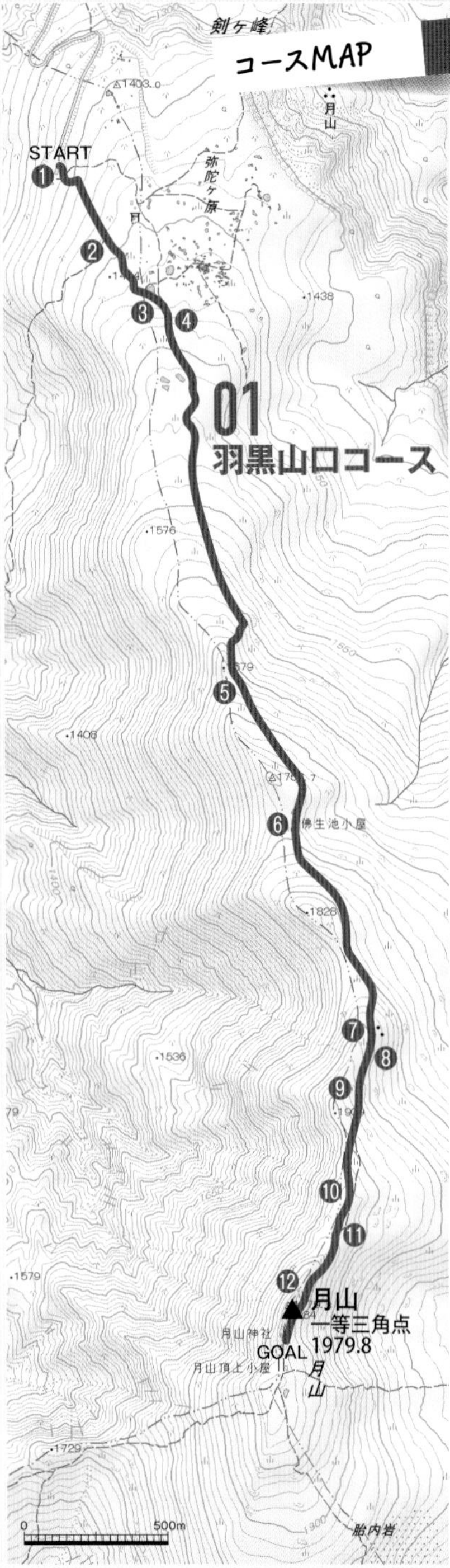

コースPHOTO

❶レストハウス脇に登山口がある

❷弥陀ヶ原は反時計回りの方が早い

❸弥陀ヶ原を半周した所に十字路がある

❹弥陀ヶ原を背に岩が転がる道を登る

❺石畳の道が続く

❻佛生池小屋の前に出る

❼石畳の草原に出る

❽石畳の道が続く

❾大峰を登ると石畳になり傾斜が緩くなる

❿木道は右側通行

⓫月山神社本宮の標識

⓬月山神社の裏手に出る

Pick UP!

季節の花を楽しむ雲上の楽園

弥陀ヶ原湿原散策

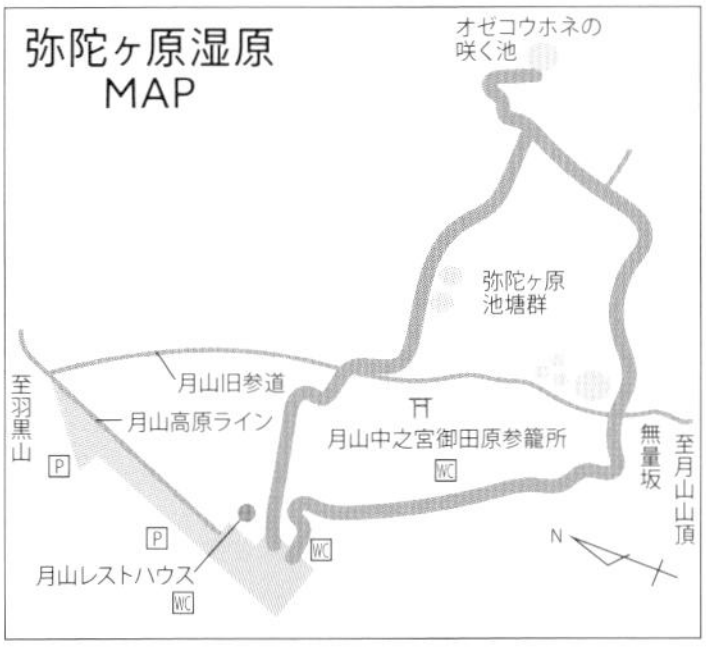

月山8合目（羽黒山口の登山口）には広大な弥陀ヶ原湿原がある。雪解けに始まり、紅葉までの期間に130種類以上の花が咲く、まさに「雲上の楽園」だ。本格的な登山装備までは不要で、比較的気軽にトレッキングが楽しめるのも魅力だ。

湿原は時計回りか反時計回りで散策できるコースが整備されており、どちらの回り方でも60〜90分程度での周遊が可能だ。周囲の景色は素晴らしく、雲を見下ろす高度感、北に高くそびえる鳥海山の姿は、弥陀ヶ原散策の醍醐《だいご》味《み》とも言える。大きなアップダウンのないなだらかな木道が整備されており、初心者でも安心して歩ける。ただし木道は滑りやすいのでトレッキングシューズの使用が好ましく、スニーカーやサンダルでの歩行は避けたい。

なお、貴重な湿原を保護するため木道から外れて湿原に足を踏み入れることは絶対にしてはいけない。数万年もかけて堆積した湿原の地層は非常にもろく、再生力にも乏しい。次の世代にも美しい姿のまま湿原を残すことに理解を深めたい。

一帯には大小さまざまな形をした池塘（泥炭層にできる特殊な池）があり、晴れた日は青空と色とりどりの高山植物がよく映える。各所には湿原の成り立ちや池塘などを説明する看板もあり、弥陀ヶ原湿原を存分に楽しむことができる。

注意したいのは、弥陀ヶ原湿原は標高約1400㍍に位置しており、気温の低下や降雨、強風など天候が急変する場合がある。防寒具、雨具、飲料水、行動食を用意して散策に臨みたい。

月山8合目には駐車場やバス停もありアクセスが容易のほか、登山口にある月山レストハウスも人気がある。高山植物を楽しんだ後は食事もできて、お土産も買える。魅力たっぷりの弥陀ヶ原湿原を楽しもう。

1 青空を、雲を映し出す池塘
2 花と緑と青空と
3 秋深まる湿原

course 02

志津《しづ》（姥《うば》沢《さわ》小《こ》屋《や》裏《うら》）口《くち》コース

広大な草原を歩く

難易度 ★★★☆☆
体力度 ★★★☆☆

● 登山口　姥沢登山口
● 参考タイム　姥沢登山口～山頂
登り▼3時間20分
下り▼2時間40分

夏になると、雪深い月山であっても登山道の大部分の雪が消える。雪解けとともに高山植物が咲き始めるため、盛夏であっても春の花、夏の花とを同時に楽しむことができる。花の名山である月山の魅力の一つだ。

姥沢の登山口にある月山ペアリフトを使えば、およそ1時間分の登りを軽減することができるが、それによって見られない景色がある。リフト手前から続く登山道を歩いてみることをお勧めする。

明確な標識はないが、リ

フト手前にある小屋付近に登山口がある。樹林帯の中、木道や石畳が整備されている。林間を抜け、斜面を横切るように登山道を歩く。序盤の樹林帯こそ展望はないものの、それ以後は視界が開け、気持ち良く感じる道が続いている。通る人はあまり多くなく、ハイカーに人気の月山にあって静かな雰囲気を楽しめる道だ。

　木道をたどり登っていくと、リフト上駅からの登山道と合流する。ここから先もしばらく木道が続く。この木道の連なりは、月山の景観を代表するものである。

　木道から石畳に変わり、少々急な坂を登り切ると姥《うば》ヶ《が》岳《たけ》からの登山道と合流する牛首《うしくび》に到達する。牛首から少し登ると、それまで柴《さい》灯《とう》森《もり》や金《かな》姥《うば》の斜面に遮ら

月山らしさを物語る残雪と花咲く登山道

初夏の月山では幾度となく残雪を踏む

れていた北西の視界が開け、鳥海山が見えるようになる。振り返れば、美しい木道の連なりと朝日連峰の勇姿が見える。

登山道はここからだいぶ様相が変わる。傾斜が増し、岩場の連続となる。短い距離で高度を上げるため、牛首までの区間に比べるとかなり体力がいる。行き交う人も多いため、登り下りでの譲り合いはもちろん、落石を起こさないように注意して歩きたい。また、他者が起こす落石にも十分に注意したい。

時に両手を使うような場面もあるが、鍛冶小屋跡まで登れば苦しい急坂から解放される。鍛冶小屋跡からは初夏とは違った広大な道のりを広く見下ろすことができる。

秋の草紅葉も月山らしさを強く物語る

鍛冶小屋跡から先は、石が転がる幅の広い道を登る。浮石に注意したい。やがて台地上の尾根に乗ると、鳥海山を背に、月山神社本宮や月山頂上小屋が見える。遮るものがないので風が強い日は難儀するが、その分展望は秀逸だ。

月山の頂上と言える場所は、月山神社内にある。三角点は、本宮の脇を抜け、羽黒山口に向かう登山道を使って行く。一般のハイカーにとっては、この三角点のある場所が月山の山頂と言ってよい場所だろう。特に北面の展望に優れ、この場所から眺める鳥海山の姿に感激する人は決して少なくないだろう。

長年の雪の重みに耐え続けてきた美しい登山道

鍛冶小屋跡から歩いてきた道のりを見下ろす

錦秋の草原を木道が続く

三角点から鳥海山を眺める

絶景を背に山頂直下のガレ場を登る

コースPHOTO

❶リフト下駅手前に登山口がある

❷樹林帯を抜けるとトラバース道になり、視界が開ける

❸木道まで来ると月山山頂部が見え始める

❹草原の中を続く木道を進む

❺リフト上駅からの道と合流する

❻牛首分岐で姥ヶ岳方面からの道と合流する

❼段差の大きいガレ場の道は、落石に注意して登る

❽鍛冶小屋跡は平たんな場所になっている

❾鍛冶小屋跡の先はガレ場の登りが続く

❿山頂台地に着くと平たんな道になる

⓫月山神社本宮の北側に三角点がある

コースMAP

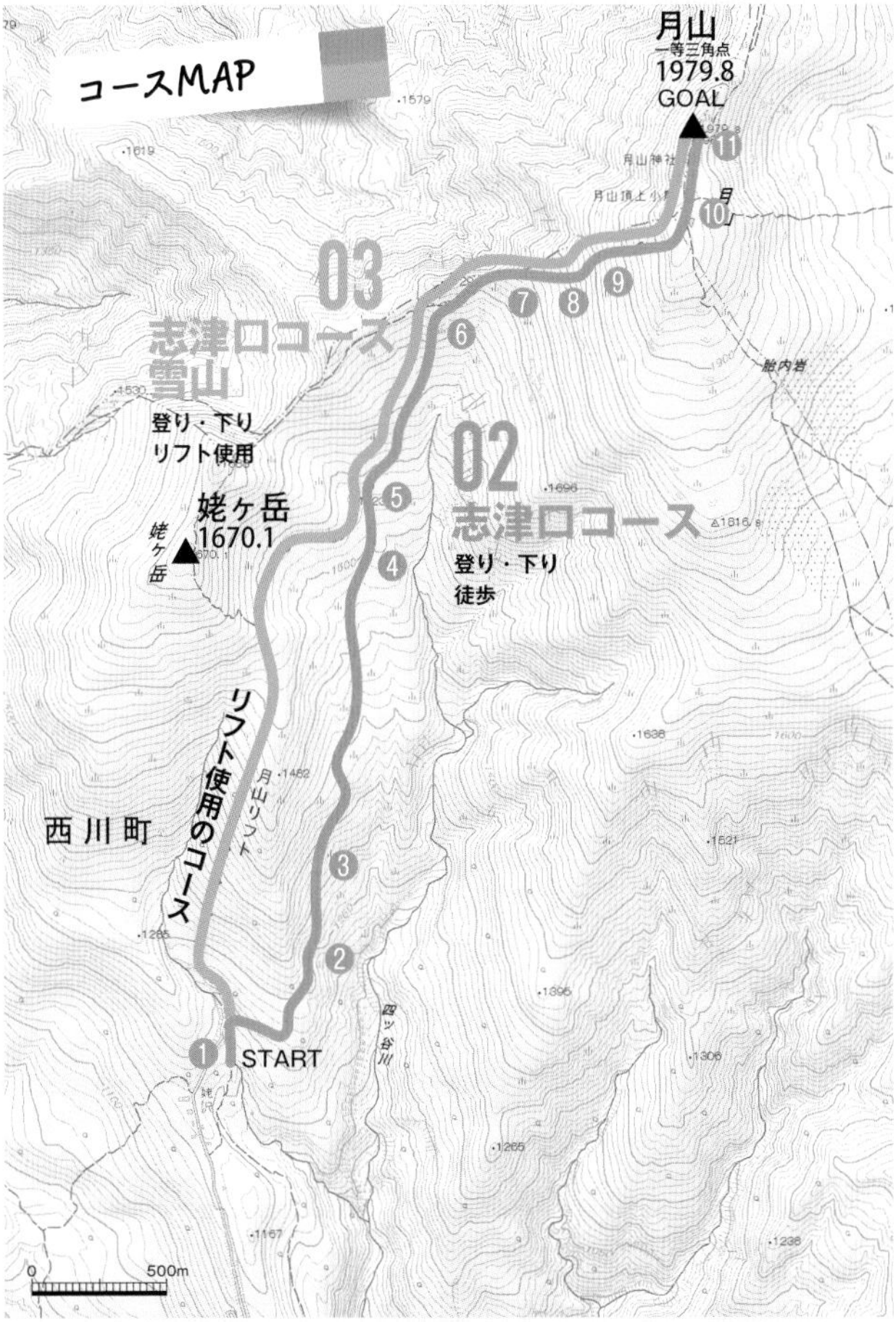

course 03

志《し》津《づ》（リフト）口《くち》コース・雪《ゆき》山《やま》

難易度 ★★☆☆☆
体力度 ★★☆☆☆

早春から初夏にかけての雪の月山を登る

6月下旬に羽黒山口コースの8合目駐車場への車道が開通するまでは、実質的に志津口コースが利用できる唯一の登山口と言える。毎年4月上旬に月山スキー場がオープンするため、登山口までの車道の除雪が行われ、リフトの利用が可能となる。

4月から6月にかけては登山道のほとんどが雪に覆い隠されており、雪山登山の範囲に含まれる。夏山登山とは違った楽しさがあるが、雪が原因となる危険が数多くある。しっかり装備を整えて登ること。また、この期間は降雪が当たり前にあり、視界不良による道迷いも発生しやすい。融雪とともに発生する雪の裂け目（クラック）は大変危険で、

◉登山口　姥沢登山口
◉参考タイム　姥沢登山口～山頂
登り▼3時間20分
下り▼2時間40分

※コースマップは25ページ参照

残雪と呼ぶにはあまりに多い5月中旬

転落すると命を失うこともある。近づかないように十分注意したい。

姥沢の駐車場で準備を整えたら、およそ700《メートル》先の月山ペアリフト乗り場を目指す。リフト終点に降り立つと樹木のない広大な雪原が眼前に広がる。振り返ると朝日連峰の連なりを見渡すことができる。景色に見ほれるばかりでなく、ここでも歩き出すための装備確認をしたい。

雪の硬さを確かめ、シューズのまま歩けるか、またはスノーシューなどが必要かどうかを見極める。シューズのくるぶしが埋まらない程度であれば、そのままシューズで登ったほうが軽快に歩ける。そのくらい硬く締まった雪では、傾斜が増してきてからチェーンス

雪に埋もれた三角点を目指す

牛首から月山と先行者を仰ぐ

パイクなどの滑り止めを装着すると安全性が高まる。逆にくるぶしが埋まるようであれば、スノーシューやカンジキを利用するとよい。

　正面にひときわ高くそびえる月山の山頂に向けて歩き出す。まずは左手に姥ヶ岳、柴灯森を見るように牛首を目指す。牛首は柴灯森と月山の鞍部《あんぶ》に当たり、比較的緩やかな斜面を登る。日陰のない、風を遮る地形であるため気温が高い時は熱中症に注意したい。

　この牛首から鍛冶小屋跡までの区間は、傾斜がきつく時に雪が氷化していることがある。小休止を兼ねて、安全のため牛首でチェーンスパイクを装着したい。途中で必要性を感じても、安全に装着できるような場所に乏しいため早めに装着しておきたい。

　鍛冶小屋跡には石室の痕跡が今も残っている。小屋が立っていた場所だけあり、平たんな場所で小休止に役立つ。ここからリフト上駅の建物が見えると、歩いてきた道のりの長さに驚くだろう。風が強い予報が出ている時には、安心のためここでウインドシェルなどを

新緑を迎える5月中旬までは全くの雪山で降雪もある

羽織っておくとよいだろう。鍛冶小屋跡からもうひと登りで頂上小屋や月山神社が見える山頂尾根に立つことができる。絶壁の上に立つ月山神社と周囲に広がる大雪原、その奥に真っ白な鳥海山が見えると誰しもが心躍るに違いない。

帰路は、鍛冶小屋跡から牛首の急斜面に注意して往路を忠実にたどる。

月山神社に向かう坂道から南西方向を見る

course 04

湯《ゆ》殿《どの》山《さん》口《くち》コース

月山の奥深さ、静けさを感じる登山道

難易度 ★★★☆☆
体力度 ★★★☆☆

◎登山口　湯殿山登山口
◎参考タイム　湯殿山登山口～山頂　登り▼3時間30分　下り▼2時間40分

月山西麓にある湯殿山神社が登山口となる。湯殿山有料道路を利用して神社の駐車場へ向かうと大きな鳥居が見える。建物に近い駐車場は参拝者用で、登山者は手前側にある登山者用の駐車スペースを利用する。

鳥居から続く車道を歩いて行くか、専用のバス（有料）を利用して約2キロ先にある湯殿山神社を目指す。神社へ向かう車道は緩い登り坂で、全て舗装されている。社殿の無い湯殿山神社は、全国的に珍しい、御神体に直接触れることができる神

社だ。御神体を含め、登山口周辺は撮影禁止となっている。

　登山口を出発すると、ほどなく水の流れとともに急坂が現れる。流れでぬれた足元は大変滑りやすく不安定なので、事前に滑りにくいソールのシューズを選んでおくと転倒や滑落などの事故を防ぐことができる。この先には、湯殿山口コースの最難所とも言える月光《がっこう》

出発点となる湯殿山神社

谷間の奥に見えるのか湯殿山た

雄大な景色を背に柴灯森を登る

坂《ざか》が待ち受けている。鉄はしごが連続する極めて急な斜面で、ポールを持っている場合は畳んでしまっておくことが賢明だ。少々面倒に思うかもしれないが、鉄はしごは両手で保持しないと大変危険である。なお、鉄はしごの区間は思いのほか長い。

　月光坂を登り切ると、やがて視界が開け湯殿山が見えてくる。ほどなく小さな小屋が立つ装束場《しょうぞくば》に着く。石跳川《いしばねがわ》から登ってくるコースとの合流点になっており、湯殿山を背にするように左折して月山を目指す。湯殿山口コースとは言うものの、湯殿山山頂に向かう登山道は無いので注意しておきたい。

　装束場を過ぎるとすぐに浄身川《きよみがわ》に出る。こぢんまり

柴灯森への登山道、奥には姥ヶ岳が見える

見晴らしのいい装束場

品倉尾根を仰ぐ

とした草原の中に道が続いており、展望に優れ、季節の花を楽しめる。登山者でにぎわう人気ルートとは異なり、とても静かな雰囲気を味わうことができる。

浄身川を過ぎると、幾分傾斜が増してくる。姥ヶ岳北面をトラバースするように登山道を進む。斜面に切られた道であるので、路肩を踏み外さないように注意して歩きたい。この先に分岐点があり、姥ヶ岳から続くコースと合流する。この場所が金姥で、この周辺から高山的な景観に変わる。春遅くの雪解け直後から始まり、草紅葉が始まる頃まで何らかの高山植物が咲いている。分岐点から先は、柴灯森の南西斜面の急坂を登る。平たんな道に変わると志津口から続く登山道との合流点である牛首に着く。牛首からは、これまで品倉尾根に遮られて見えなかった鳥海山の姿を見ることができる。

これより先は志津口コースの章を参照。

浄身川を歩く

月光坂は、はしごやロープが続く

コースPHOTO

❶登山口までバスが運行している

❷参道の標識に従い進む

❸湯殿山神社の脇に登山道が続いている

❹沢状の急坂を登る

❺徐々に視界が開け品倉尾根が見える

❻月光坂ははしごがいくつも続く

❼装束場付近は視界が開けている

❽湯殿山を背に進む

❾浄身川からは柴灯森が見える

❿湯殿山を背に急坂を登る

⓫柴灯森が近づくと傾斜が緩まる

⓬姥ヶ岳方面からの登山道と合流する

コースMAP

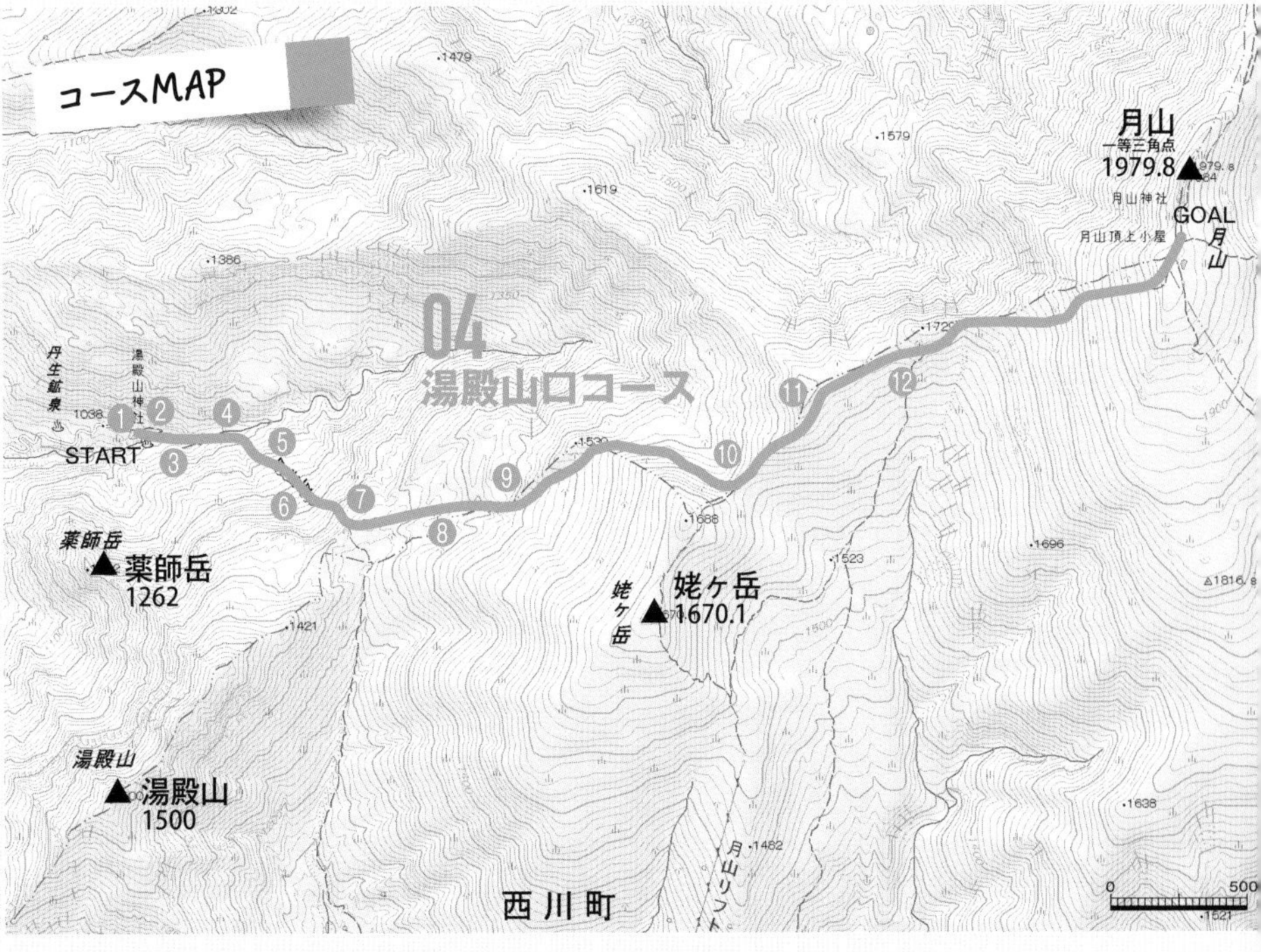

course 05

葉山《はやま》

山形県内の百名山を一望する特等の展望台

難易度 ★★☆☆☆
体力度 ★★☆☆☆

◎登山口 畑登山口
◎参考タイム 畑登山口〜葉山神社奥の院 登り▼3時間20分 下り▼2時間30分

葉山は、月山の東にあり、尾花沢市や村山市からはまるでびょうぶのような山容の山の連なりに見える。馬蹄《てい》形をした葉山には登山道が豊富にあり、その中でも

鳥海山の姿は至る所から見える

大つぼ石から月山、鳥海山を望む

最も人気があるのが寒河江市の葉山市民荘近くに登山口がある畑コースだ。

葉山市民荘ではトイレの利用が可能で、登山者用の駐車場がある。市民荘の前には湧水「長命水」が湧き出ている。

葉山市民荘から舗装路を少し登ると、左手に砂利道が続いてる。この砂利道を20分ほど登って畑登山口を目指す。脇道があり迷ってしまいそうだが、まっすぐ進むと畑登山口の標識がある。登山口手前に分かれ道があり、左側に行くと登山口だ。

登山道は、決して緩やかではないがよく整備された歩きやすい道が続いている。序盤に間違えやすいような場所があるが、案内板があるので見落とさないように

したい。登山道脇は、徐々にブナ林に変わる。一服台を過ぎ、聖仏平《そんぶつだいら》まで来ると、周囲にはサラサドウダンが多くなる。初夏は鈴なりの花が目を楽しませる。

登っていくと右手に展望の開けた場所に出る。大変素晴らしい展望だが登山道はこの反対側に続いている。この展望地を過ぎると岩野コースとの合流点になっている丁字路に着く。丁字路を左折し、木道が敷設された道を進む。ここからは、小僧森がよく見え、登高意欲が湧いてくる。また、ここから季節の花も多く見られるようになる。

ここから先、小僧森、大僧森、大つぼ石、葉山山頂、葉山神社と続く尾根歩きは、さながら縦走しているような気分を味わえる。急坂を登り降りし、小僧森、大僧森を過ぎると、大展望が得られる大つぼ石に着く。気象条件が良ければ、月山、鳥海山、蔵王連峰、朝日連峰、吾妻連峰、飯豊連峰と山形県内の名峰の眺望がある。息を整えながら大展望を満喫したい。

大つぼ石を過ぎると、左手に標柱が見える場所に着く。ここからは分かりにくく進むのをためらってしまいそうだが、この先に葉山山頂がある。広い葉山山頂からは月山の東斜面の迫力ある姿を眺めることができる。

葉山山頂を過ぎ、山の内コースとの合流点となる雪

歩いてきた道のりを振り返る

鳥海山を背に葉山奥の院

広く、展望のよい葉山山頂

北へ伸びる連なりにも登山道がある

木道が敷設されたトンボ沼

トンボ沼に咲く初夏の花ミツガシワ

サラサドウダンも葉山に咲く花の代名詞

田草原を登っていくと赤い鳥居が見えてくる。この先に葉山神社（奥の院）がある。大つぼ石や葉山山頂ほどの展望はないが、それとは一味違った良い景色を眺めることができる。

奥の院から西へ少し下ると、その周囲を木道に囲まれたトンボ沼がある。トンボ沼には、初夏にミツガシワがたくさん咲く。鳥海山と月山の展望もあり、心和む場所だ。

帰路は往路を忠実にたどるが、小僧森を過ぎるまでは登り返しが複数あるので思いのほか体力や時間を要する。

コースPHOTO

❶葉山市民荘で準備を整えて出発する

❷砂利道を登り登山口を目指す

❸登山口の標識を見逃さないように

❹一服台の分岐を直進する

❺聖仏平を過ぎる

❻岩野コースとの丁字分岐を左折して小僧森に向かう

❼小僧森、大僧森、大つぼ石と続く

❽分岐点を左に曲がると葉山山頂

❾奥の院手前に山の内コースとの分岐がある

❿奥の院には葉山神社がある

⓫奥の院から西に下った場所にあるトンボ沼

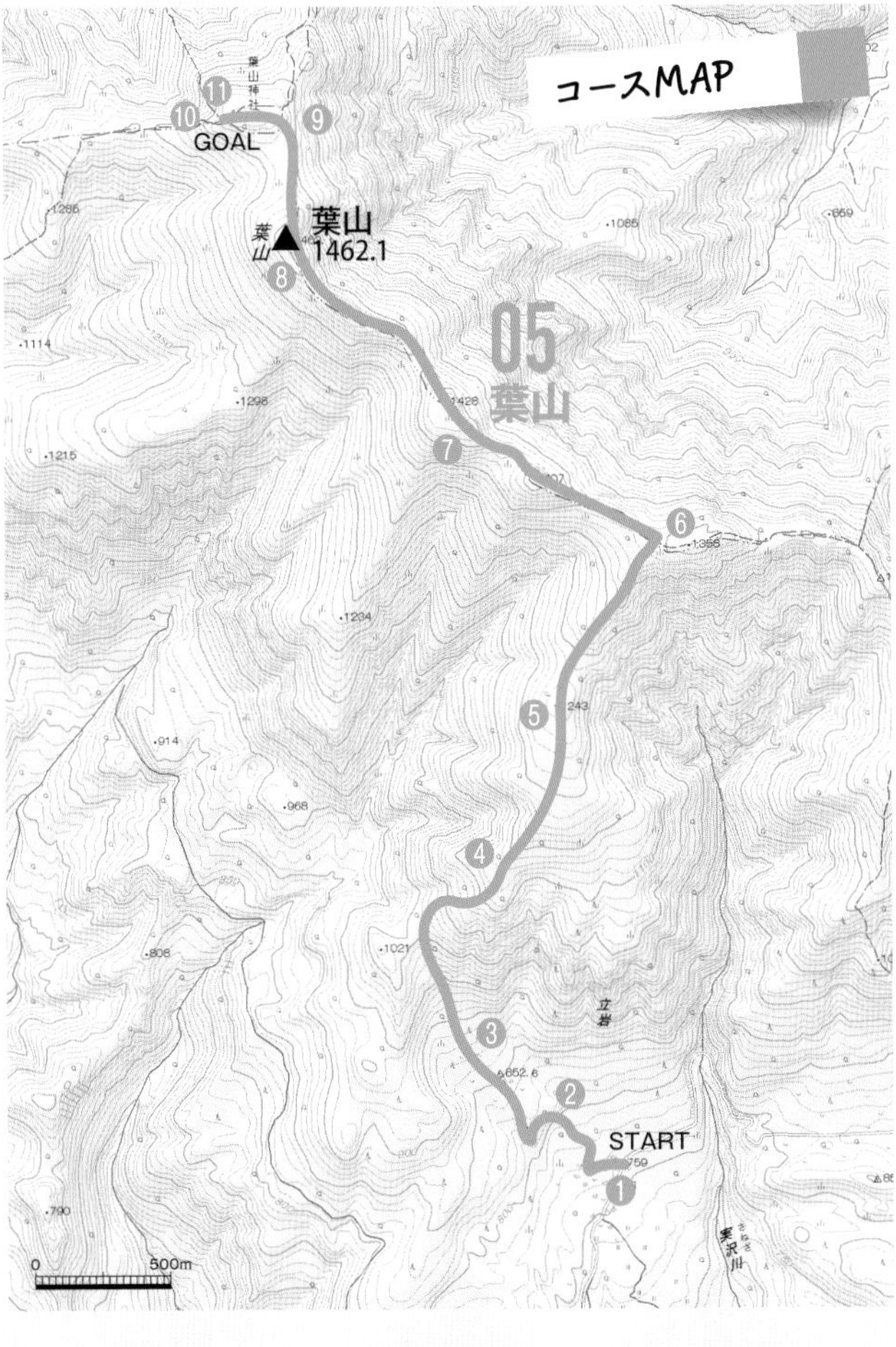

山歩きのための
基本装備と選び方

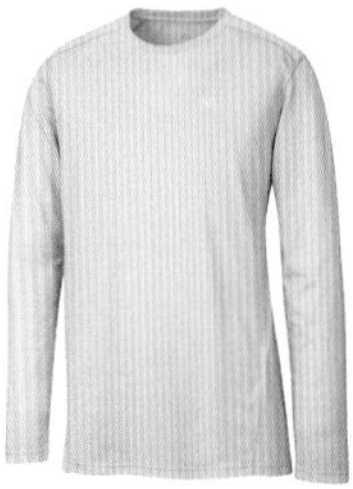
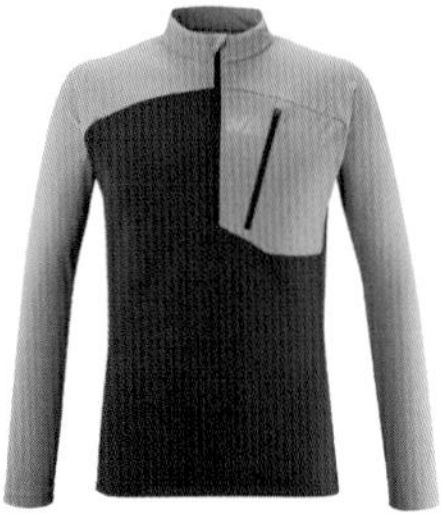

［**トップス**］

季節に応じてトップスの素材を選ぶのがお勧めだ。春や秋は気温が低めであることが多いので、メリノウール素材など幾分保温性のある素材が向く。気温が高い夏は吸汗速乾性能が高いものを着用すると、気化熱により暑さを感じにくくなる。

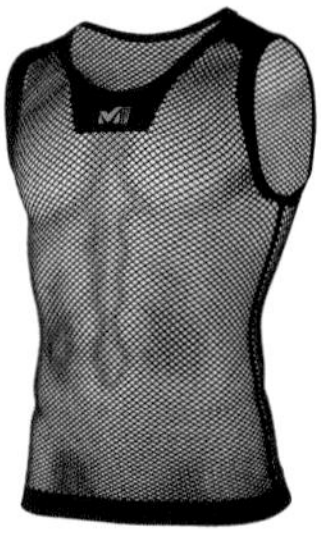
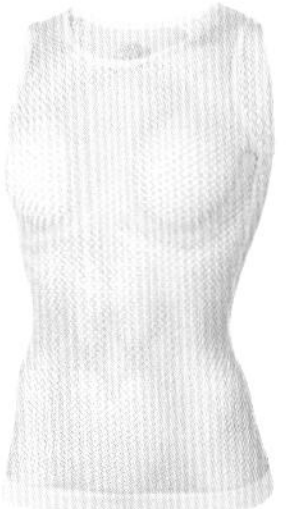

［**アンダーウェア**］

特に春や秋などの寒暖差が大きい時期は、着用するウェアによっては汗を多めにかくことがある。その後、低温や風にさらされると汗冷えを起こし、体調不良や体力消耗につながる。保水しない素材でできたアンダーウェアを素肌に着用することで不快な汗冷えを防げる。

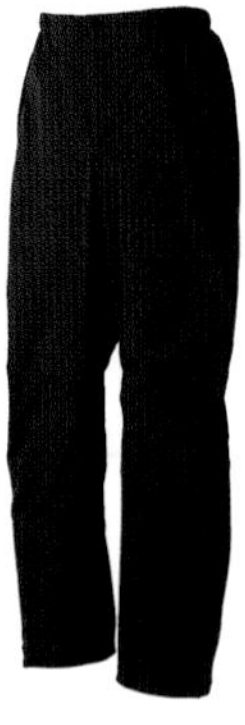

［**レインウェア**］

海岸線からそう離れていない月山は気象変化が激しい。積極的に着用することを前提に、透湿性、ストレッチ性能が高いレインウェアがお勧めだ。透湿性が低いと汗で蒸れてしまい全くぬれを防げなくなるので危険となる。

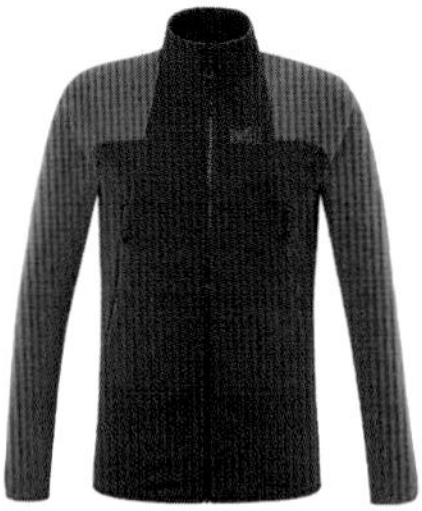

［**サーマルウェア**］

春や秋は、朝夕の寒暖の差が大きい。低体温症を防ぐためにも保温性のあるウェアを準備したい。軽量コンパクトが特徴のダウンジャケットは、ぬれると保温性能が著しく低下するため注意が必要だ。通気性と保温性を兼ね備えた素材を選ぶことにより、行動中、積極的に着用できる。

［シューズ］

月山の登山道は、雪、岩、木道、石畳、土の道と変化に富んでいる。滑りにくい靴底を持ったトレッキングシューズやトレイルランシューズを使用したい。スニーカーやサンダルは転倒やけがの危険性が高いので使用を控えること。

［ヘッドライト］

体調不良やけが、計画の不備で下山時刻が遅れた場合に、照明がないと命の危険につながることがある。非常時のものと思いがちだが、積極的に使用することを前提にして、常に携行したい。

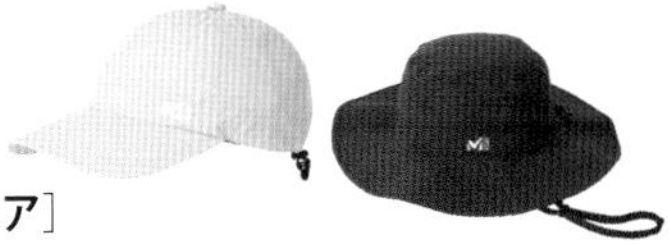

［ヘッドウェア］

帽子をかぶり、強い日差しから頭部を守ることは熱中症対策になる。反面、ツバの広い帽子は強風時にあおられる危険があるので注意が必要だ。

［アイウェア］

登山道の大半が自分よりも背丈の低い樹木である月山では、直射日光の影響が大きい。有害な紫外線から眼球を守るためにアイウェアの着用を心掛けたい。

［グローブ］

残雪期は、氷化した雪でけがをする恐れがある。春から夏にかけては薄手のもので手を保護し、秋は手指の冷えを防止するためにいくらか保温性のあるモデルを使用するとよい。また、万が一に備えて予備のグローブを持つと安心だ。

［ソックス］

シューズとの相性で素材や厚みを選びたい。厚手のものはクッション性に優れるものの、夏場は汗をかきやすい。ぬれた時のために予備を1足用意したい。なお、コットンのソックスは靴擦れを起こしやすく、ぬれたら乾きにくいので、できるだけ使用しないほうがいいだろう。

［バックパック］

訪れる季節や計画したコースによって適切な容量を選びたい。登山用に設計されたバックパックは、適切に背負うと疲労や荷物の重さを感じにくい。機能性に優れ、登山を快適なものにしてくれる。

協力：ミレー・マウンテン・グループ・ジャパン株式会社／株式会社デサント／株式会社キャラバン

古道

羽《は》黒《ぐろ》山《さん》

羽黒山開山にちなむ登山道と松尾芭蕉の足跡をたどる

国宝五重塔で有名な羽黒山に登る手段として、その五重塔の目の前に続く石段の参道がよく知られているが、羽黒山の北東麓にある鉢子《はちこ》集落から続く登山道を知る人はあまり多くない。

山形県を代表する河川、最上川《もがみがわ》の支流である立谷沢川《たちやざわがわ》沿いにいくつかの集落がある。鉢子集落は北に鳥海山、南に月山を望む、山好きにとっては一等地にある。

登山口には案内板と数台分の駐車スペースがある。県道を挟んで案内板の向こう側にある民家脇に登山道

月山中腹から見下ろす羽黒山

登山口から仰ぐ出羽富士こと鳥海山

が続いており、杉に囲まれた舗装路の登り坂を進む。
いずれ耕作地がある分岐

にたどり着く。この分岐を左折すると、林道のような道が続いている。この先、「羽黒山登山道」と書かれた標識が所々にあるので見落とさないよう注意したい。耕作地を過ぎると変則的な三差路に着く。真ん中の登り坂が正しい道だ。その先にまた二股の分岐がある。右側の登り坂を進む。ここにも「羽黒山登山道」の標識がある。この辺りから広葉樹が増えてきて、5月上旬には新緑を、10月中旬には紅葉を楽しむことができる。

左手に杉が並ぶ平たん路を過ぎるとまた分岐がある。これは左折する。

少しの登りの後、鉄塔が並ぶ伐採地に出る。これまでの森歩きと打って変わり、空の広さが感じられるようになる。伐採地のつづら折

よく整備された登山道を歩く

すがすがしい新緑の森を歩く

みはらしの丘から鳥海山を仰ぐ

りの道を登っていくと木道が敷設された湿地に出る。春はミズバショウが見られる。この先の杉林を過ぎると鉄塔の立つ広場「みはらしの丘」に出る。

「みはらしの丘」は本コースで一番の展望地で、北に鳥海山、西に日本海を望む。木製のベンチがあるので、庄内平野を眺めながら休憩を取るのもよいだろう。

鉄塔を背に登山道は続く。この先にまた分岐点があり、左に下るように進む。つかの間緩い下り坂を進むと舗装路に出る。この舗装路の向こう側に登山道が続いており、案内表示がある。

羽黒山の山頂は近く、太い杉も目立つようになる。杉が立ち並ぶ坂道を登り切ると、出羽三山神社の千佛堂脇へたどり着く。一般的

登山道は千佛堂の脇に続いている

には、この千佛堂や三神合祭殿が立ち並ぶ一帯を羽黒山の山頂としている。

千佛堂を背に、鳥居を過ぎて整備された道を進んでいくと広い駐車場に出る。周囲には茶屋が並び、飲み物やスイーツ、お土産物を買えるほか食事を取ることもできる。羽黒山登山においては荷物を軽くして、北アルプスなどの山小屋で食事を取るような感覚で、この茶屋に任せてみるのもよいだろう。

この駐車場は、羽黒山有料道路の終点となっており、有料道路は歩行禁止だが、南谷《みなみだに》に通じる登山道は、有料道路の脇に入り口がある。駐車場の誘導員に「南谷に行きたい」と告げ、自動車に注意しながら登山道へ向かうとよいだろう。

羽黒山の自然を感じる登山道

山頂とは違い静寂を感じる南谷

杉並木が目立つようになると石段は近い

古の雰囲気を醸す南谷

有料道路の上り線と下り線の合流点付近に登山道入り口があり、駐車場を背に右手に下る登山道を進む。下っていくと左側の視界が開けて、有料道路が見える場所に出る。分かりにくいがこの付近が分岐点になっている。直進してしまうと荒澤寺《こうたくじ》へと下ってしまうので間違えないように注意したい。

右折すると南谷までほとんど下りとなる。ここからは石段の参道と違い、周囲は広葉樹の森になっている。人の手が行き届いている羽黒山にあって、自然を感じられる貴重な空間だ。広葉樹に交じって太く立派な杉が見え始めると南谷は近い。

石碑が並ぶ場所を過ぎると開けた場所に出る。崩れたあずまやがあるこの場所

春の花を愛でながら南谷へ向かう

羽黒山の代名詞とも言える石段登り

茶屋で喉を潤す

が南谷だ。かつて俳聖松尾芭蕉が逗留《とうりゅう》した場所で、当時は迎賓館のような役割の寺院があったそうだ。今でも庭園の名残を感じることができるので、歴史と文化を育んだ南谷の雰囲気に包まれてみてほしい。

崩れたあずまやの奥に杉林があり、史跡の石柱が立つ登山道が続いている。比較的平たんな道を進むと、石段の参道へと出る。ちょうど「三《さん》の坂《さか》」と呼ばれる場所だ。所々急な石段を登り切ると手水と鳥居があり、三神合祭殿の立つ羽黒山山頂へとたどり着く。

復路は千佛堂脇から往路を忠実にたどる。

コースPHOTO

❶羽黒古道鉢子登山口

❷鉄塔が立つみはらしの丘

❸茶屋の前を通り広い駐車場を目指す

❹係員に声を掛け南谷に向かう旨を伝える

❺有料道路の脇に登山道がある

❻有料道路が見える辺りに分岐がある

❼南谷を抜けて石段に出る

❽石段を登り切れば再び山頂に着く

◉登山口　羽黒古道鉢子登山口　　◉参考タイム　4時間40分

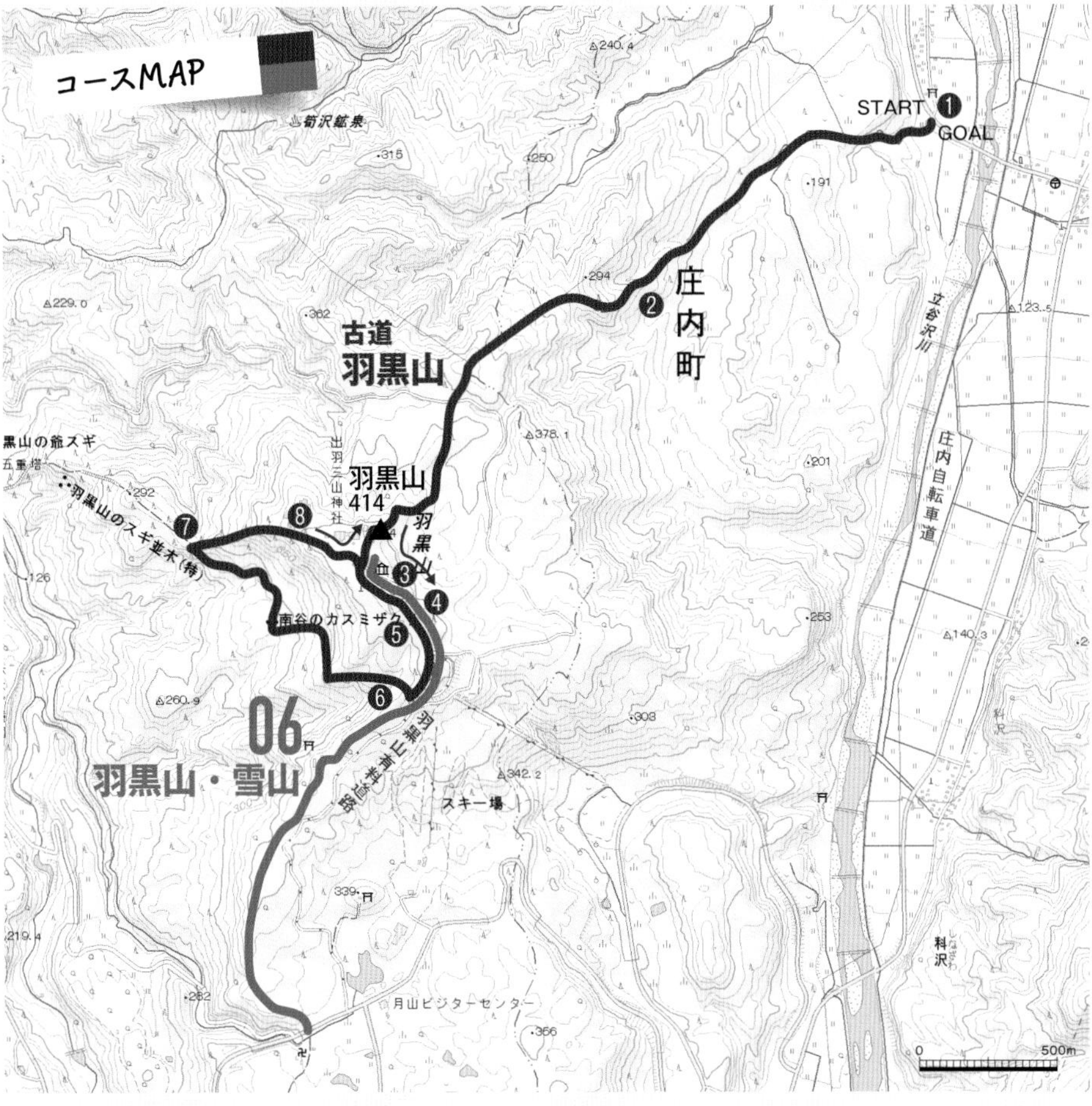

course 06

羽黒山《はぐろさん》・雪山《ゆきやま》

豪雪地帯の里山は雪山登山の入門編

難易度 ★★☆☆☆

体力度 ★★☆☆☆

◎登　山　口　羽黒山コース登山口

◎参考タイム　羽黒山コース登山口～山頂

登り▼1時間10分

下り▼50分

※コースマップは53ページ参照

月山そのものや山麓が雪深いことは全国的に知られている。月山北麓にある羽黒山もその例に漏れず雪深く、その南東斜面にはスキー場が整備されている。月山同様に羽黒山も雪との関係は極めて深い。

羽黒山道路（有料道路）入り口の近くに「奥の細道古道」の登山口があり、夏道では小一時間で登ることができる。この登山口を利用した比較的安心して登れる雪山として羽黒山を紹介したい。

登山口近くにビジターセ

ンターがある。ここから車道を西に進むとすぐに羽黒山道路入り口がある。周囲は雪壁に覆われているが、壁が低いところを選び県道の右手（北）側の斜面に登る。夏道としての登山口はもう少し先にあるが、雪の壁にその入り口はふさがれている。

①進行方向右手に羽黒山道路を見ながら進む

②進行方向左手は崖のような地形のため近づかない

起点となる月山ビジターセンター

羽黒山スキー場から純白の霊峰月山を望む

羽黒山道路を右に見るように進むと迷わない

山頂が近づくと太い杉が目立ち始める

雪に埋もれた吹越神社と籠堂

以上2点を守るようにしてなだらかな尾根を登っていくと道迷いの心配がなく、滑落の危険性も低くなる。

　出発して間もなくは雑木林を歩くが、少し先に見える杉が立ち並ぶ方向を目指して進む。杉並木は夏道で、しばらくはこの杉を目印に緩やかに登っていく。

　いずれ除雪された羽黒山道路が見えてきて、雪に埋もれかかった吹越神社と吹越籠堂が立つ場所となる。屋根からの落雪に気を付けながら、建物の右脇を抜けて登っていく。

　この付近からは、こずえ越しに右手に月山が見えるようになる。羽黒山道路の除雪によってできた雪壁から転落しないように気を付けるとともに、交通量が少ないとはいえ羽黒山道路は歩行禁止のため車道に下りないように気を付けたい。

　右手に羽黒山スキー場のセンターハウスが見えると、夏道でいうところの分岐点となる。左手に進むと自然満喫コース（南谷へ向かう道）で、羽黒山の山頂へは直進を選ぶ。とはいえ、雪に覆われた分岐点は、それとは気づきにくい。

　分岐点を過ぎてからは、左右を太い杉に囲まれた堀切のような道をたどる。これまでに比べていささか傾斜をきつく感じるかもしれないが、この区間はわずかである。傾斜が緩み、平たんと感じるようになった頃、羽黒山道路と合流する。

　ここでは車道に下りずに、車道の除雪作業によってできた雪壁の脇を歩いて山頂を目指す。やがて、広く除雪された羽黒山山頂の駐車場が見えてくるので、安全に下りられる場所を見つけて駐車場に下りる。

　ここからは境内の除雪された道を使って出羽三山神社に行ける。神社を構成する建物は雪囲いが施され、その周囲の積雪量に驚かされる。

　帰路は往路を忠実にたどりつつも、自然満喫コース

雪壁の高さが物語る積雪量の多さ

の分岐点付近から羽黒山スキー場のセンターハウスに行ってみるのも楽しい。よく晴れた日には、月山の神々しい姿に心を奪われる。なお、羽黒山山頂駐車場の係員にこのために羽黒山道路を一時横切ることを告げて、許可なく道路に下りないように注意したい。

また、自動車専用道路である羽黒山道路を歩いて下山しないように注意したい。

訪れる時期によって、雪の深さ、柔らかさと求められる体力、道具が変わる。1月は深い雪のため体力と時間を要するが、2月下旬になるとあまり雪に沈まないで歩けるようになる。自身の体力、持っている道具やウェアに合わせて適期を選びたい。

2446の石段は雪の下にある

羽黒山道路入り口近くから羽黒山へ向かう

course 07

姥《うば》ヶ《が》岳《たけ》

リフト利用で訪れる絶景の展望台

難易度 ★★★☆☆
体力度 ★★☆☆☆

◉登山口　月山リフト下駅
◉参考タイム　月山リフト下駅～山頂　登り▼1時間　下り▼1時間

姥ヶ岳は月山よりも標高が３００メートルほど低いが、山頂からの展望は月山に勝るとも劣らない優れたものである。

月山リフトを利用すると、わずか15分で標高１５００メートル地点まで到達できる。リフト上駅を降りると、左手に見えるこんもりとした山が姥ヶ岳だ。登山道は１本のみで、出発するとすぐに牛首へと続く登山道との分岐点に至る。これを左に登っていく登山道を進む。

登山道は足場のしっかりした階段状の道になってい

花咲く草原の中、木道を歩く

る。夏場でも雪が残っている場合があり、特に氷化した硬い雪に注意したい。

リフト上駅を背に、右に月山や柴灯森を見ながら登っていく。展望だけでなく、花の季節には足元を眺めるのも楽しい。

登山道が木道に変わると姥ヶ岳山頂は近い。木道を登り切った先が広場のような山頂だ。山頂は360度の展望があり、月山はもとより、北に大きく見える鳥海山や、南に見える朝日連峰の姿に心奪われることだろう。

復路は往路を忠実に戻れば簡単だが、時間と体力に余裕があれば柴灯森を経由して、牛首からリフト上駅に戻るルートもお勧めだ。優れた景観の中、2時間程の散策が楽しめる。その際は、分岐点で間違えないように注意したい。

　姥ヶ岳を過ぎると下り調子になり、湯殿山コースとの合流点に着く。牛首を目指して直進する。牛首の分岐ではV字ターンするように下り、ここから標高差200メートルほど下ると牛首下分岐がある。これは右を選び、姥ヶ岳にまっすぐ向かうように進路を取るとリフト上駅に戻る。

月山と鳥海山とを同時に眺める

牛首分岐付近から草原と木道を見下ろす

月山を眺めながら階段上の道を登る

リフトに戻る時でさえ絶景の中を歩く

コースPHOTO

❶駐車場から700メートル程度歩きリフト乗り場を目指す

❷夏山リフトを利用して高度を稼ぐ

❸リフト上駅を背に階段上の登山道を登る

❹登山道からは月山の姿がよく見える

❺木道が敷かれた姥ヶ岳山頂

❻姥ヶ岳を背に柴灯森方面へ進む

❼湯殿山コース分岐手前の下り坂は注意して歩く

❽湯殿山コースとの合流点を直進して柴灯森へ登り返す

❾牛首まで歩く途中に右下方に登山道が見える

❿牛首分岐を180度ターンして姥ヶ岳方面に進む

⓫木道上の分岐ではリフト上駅方向を選んで進む

コースMAP

course 08

姥《うば》ヶ《が》岳《たけ》［残雪期］

展望抜群、残雪期登山を気軽に楽しむ

難易度 ★★★☆☆

体力度 ★★☆☆☆

● 登山口　月山リフト下駅

● 参考タイム　月山リフト下駅～山頂　登り▼1時間　下り▼1時間

※コースマップは61ページ参照

標高１６７０㍍の姥ヶ岳は、春から初夏にかけて営業する月山スキー場の中心となる山だ。登山口となる姥沢からはリフトが運行され、標高１５２０㍍のリフト上駅まで短時間で行くことができる。

リフト上駅ではたくさんのスキーヤーの他に月山山頂を目指すハイカーの姿も多く見られる。雪山に慣れていないうちは無理をせず、姥ヶ岳周辺の散策を楽しみたい。

リフト上駅の降り場近くに月山と書かれた大きな看

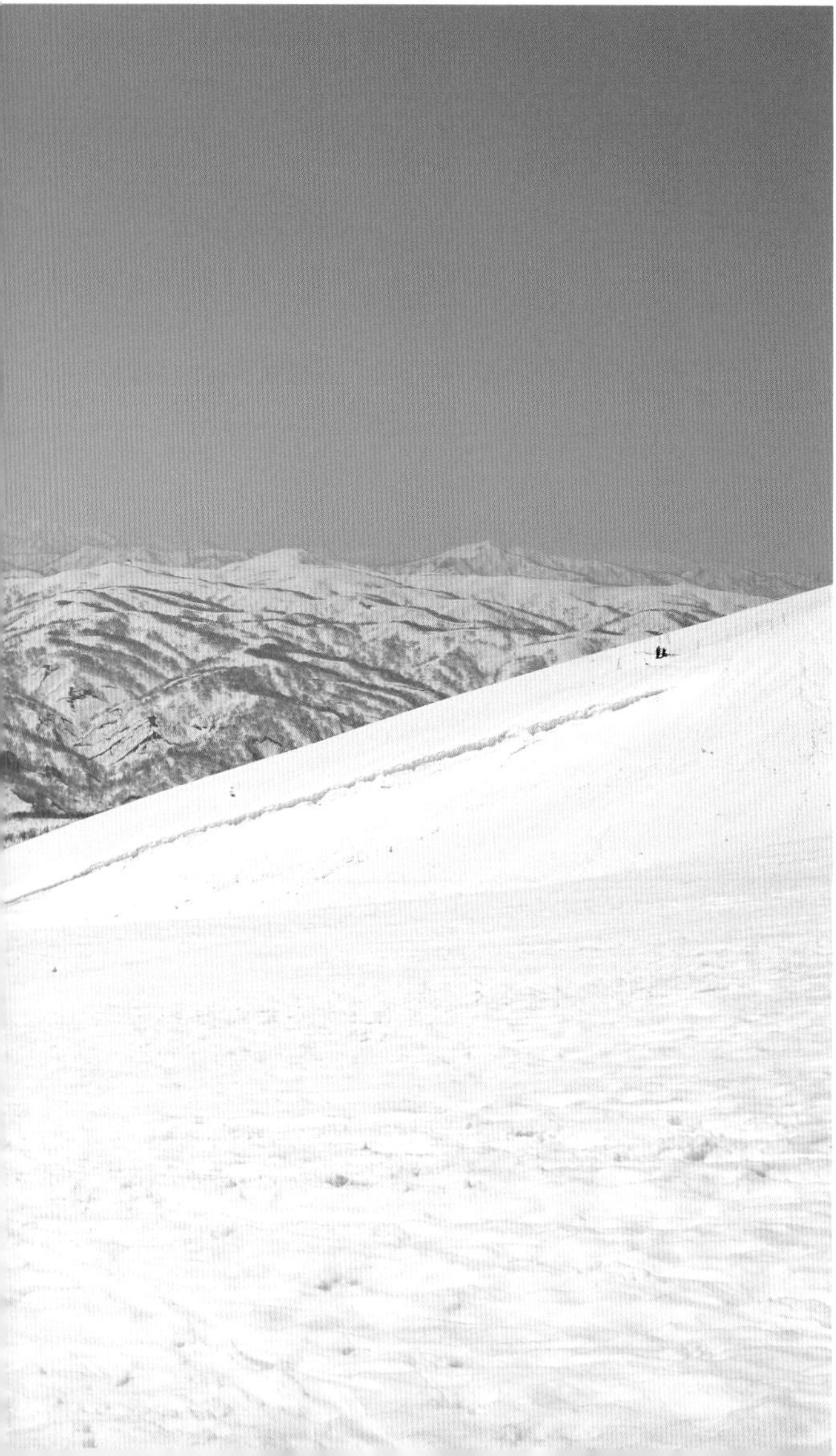

板がある。この奥にあるこんもりとした山が姥ヶ岳だ。スキーヤー用のリフトがあるが、スキーを履いていないと利用できない。

序盤からなかなかの急斜面であるが、30分程登ると姥ヶ岳山頂に着く。山頂の雪は解けて木道があらわになっていることもある。5月になれば春の高山植物が

月山の山名板が目印となる

リフト上駅からは朝日連峰の美しい姿が見える

咲き始め、季節の移ろいを感じることができる。

姥ヶ岳山頂から南西の湯殿山に目を向けると、そのさらに奥に朝日連峰の雄大な景色が広がって見える。湯殿山の麓には湯殿山神社の大きな鳥居が見える。翻って見上げると月山が大きくそびえている。気象条件が良ければ鳥海山を望むことができる。高い樹木が生育しない姥ヶ岳山頂は全方位の展望に恵まれている。

下山はリフト下駅を目指して歩く。進行方向左手の斜面は、多くのスキーヤーが滑走を楽しんでおり、衝突の危険性を考慮して滑走斜面は歩かないようにするとともに、スキーヤーが付近を滑走している場合は安全のため立ち止まり、やり過ごすようにしたい。

山頂の木道はあらわになっていることが多い

白い月山を間近に仰ぐ

雪の裂け目には絶対に近づかない

広い雪の斜面を自由に歩く

リフト下駅への進行方向右手に樹林帯があり、5月中旬になると残雪と新緑とが大変美しく目に映る。麓の新緑よりずっと遅れて訪れる山の新緑は、季節を2度味わえるようで実に楽しいものだ。

樹林帯の奥深くまで入ってしまうと道迷いに陥る可能性がある。どこでも歩ける雪の上でこそ進路を正しく見極めたい。樹林帯を右手に見つつ、左手に滑走するスキーヤーが見えるように歩くことで道迷いを防ぐことができる。

姥ヶ岳山頂から1時間強でリフト下駅に戻ることができる。

天頂から風切る速さで滑走する

コラム

山若葉山肌白く風疾《はや》く

太宰　智志

月山に訪れる目的の一つにスキーを挙げる人はことのほか多いだろう。全国的に見て極めて積雪量が多いため、通常のスキー場が真冬に営業するのに対して、月山スキー場は春の到来を待ってから営業を開始する。

雪山は元来静かな場所の代名詞とも言えるものであるが、訪れる人でにぎわう月山は静けさとは無縁だ。それは喧騒《けんそう》ではなく活気を帯びたものである。

月山スキー場からほど近い場所にも活気あふれる場所がある。月山スキー場がある姥ヶ岳の西にそびえる湯殿山だ。

湯殿山には、山頂に通じる夏道もスキー場もない。このため、雪を頼りに歩ける積雪期だけが、湯殿山の山頂を踏む数少ない機会と言える。決して易しい道のりではないが、その雪原には、多くの登山者を引きつけてやまない魅力が確かにある。

春は天候が安定し、降雪量も多くはないため天候による危険性は厳冬期に比べて高くはない。しかし、春特有の雪崩れ現象や雪庇《せっぴ》の崩壊、深い雪の裂け目の形成など時に命に関わる危険性がある。

ＳＮＳの普及などで、最近は登山情報を簡単に得られる時代になった。

だからといって、雪山登山のハードル自体が下がったわけではない。積雪期の湯殿山も例外ではなく、そこにある自然は山に登る者をいつも寛容に受け入れてくれるとは限らない。

銀嶺に挑む者は、自然に対して常に謙虚な気持ちを持ち、待つ人の元に必ず帰れる者でなく

雪山は、疾風《しっぷう》に勁草《けいそう》を知る機会と言える

色彩の乏しさが作り出す心残る風景

てはならないのだ。

湯殿山の天頂に立って北東側に目をやると、姥ヶ岳より頭一つ抜き出た月山はまさに高嶺と感じられるに違いない。しかし、標高が山の価値を定めるわけではない。憧れた山に登り、いくつもの苦しみや感動を味わいながら、その一番高い場所に自分の足で立つ。この時、登山者は、まさに自然と一体となった自分自身の中に生命の躍動を感じるだろう。

風景が、それまでとは違った意味を持って見えてくる瞬間だ。

時は木々の新緑を迎え、雪の白さと若葉のもえぎ色に心躍る頃となる。肌に感じる風は心地よく、自身が一陣の風になる。

穢《けが》れなき純白の月山

long course

月《がっ》山《さん》肘《ひじ》折《おり》口《くち》コース

ロングコースの代名詞と言える月山屈指の難コース

驚くほど長いという印象はあるものの、その長さに引かれる登山者は思いのほか多い。とはいえ、日帰り山行とするには体力とスピードが要求される難コースには違いない。いつかは肘折口コースに挑みたいと考える岳人は決して少なくない。その日のために体力を高め、装備、知識、経験を充実させたのちに挑みたい。

月山の東麓に肘折温泉がある。いくつかの温泉旅館が立ち並ぶ山奥の温泉街だ。この温泉街から続く林道の先に肘折口コースの登山口がある。林道はよく整備された立派なもので、安心して走行することができる。

登山道は、山腹の斜面を横切るようにつくられた区間が多く、足元に注意して歩きたい。また、いくつものアップダウンを繰り返すため体力的にはもちろん、精神的にも疲労しやすい。

雪深い月山の登山道だけあって、初夏まで豊富な残

賽の河原を登る

雪がある。標高の低い所と侮っていると、沢筋に残る雪渓が崩壊期を迎え危険な状態で待ち構えている。雪渓の崩落により落下すると骨折の危険性が高く、時に命に関わる事故につながる。初めて肘折口コースに挑戦する時は、雪がだいぶ解けた盛夏、晩夏、初秋を選択することが無難だ。

肘折口コースはスキーツアーコースとしても知られている

登山計画においては、1泊2日の行程が基本となり、2泊3日も視野に入れたい。コースタイムの半分以下で移動できる特に鍛えた登山者ですら、日帰り往復に10時間程度を要する。宿泊においては、念《ねん》仏《ぶつ》ヶ《が》原《はら》に避難小屋があり、肘折口コースの登山者によく利用されている。また、宿泊予約をした上で月山頂上小屋に泊まることができる。この二つが登山道上にある宿泊施設だ。念仏ヶ原避難小屋は、食料と寝具を持参する必要がある。

さて、肘折口コース登山口を出発すると小岳《こだけ》付近まではひたすら樹林帯を歩く。人の往来も少なく、静かな森をひたすら歩く。登山道は明瞭であり、待ち受ける距離の長さに備えてあまり

かなり長いコースだが格別な爽快感を楽しむことができる

飛ばし過ぎないように努めたい。いくつかの沢を越え、赤《あか》沢《ざわ》川《がわ》の渡渉を終えると標高差３００メートルほどの長い登りが待っている。コース前半の山場となる小岳だ。小岳山頂の手前に小湿原があり、季節の花が楽しめるだけでなく、天気に恵まれれば鳥海山の姿を望むことができる。長かった道のりを忘れさせてくれるいい眺めだ。

階段上の斜面を登り切るとやっと小岳の山頂だ。ここにきてようやく月山の山容を拝むことができる。村山地方から仰ぎ見る月山東面は、前衛の葉山に隠される部分があり穏やかな印象だが、小岳山頂からは月山東面にある巨大な滑落崖がはっきりと見え、優雅さの中にも荒々しさを感じるこ

ここまで長い道のりだが、道はまだ続く

初夏までは沢に残る雪に注意したい

小岳手前の小湿原は見晴らしがいい

とができる。

小岳からは急斜面を下り念仏ヶ原へ向かう。月山の眺望が得られる三日月池《みかづきいけ》を過ぎるといよいよ念仏ヶ原だ。古びた木道が敷設されていて、まだまだ遠い月山を望みながら湿原を進む。木道が終わり、湿原を抜けるとまたしても急斜面を下ることになる。下り切ると沢音が大きくなり、頑丈そうな橋へたどり着く。清川《きよかわ》に架かる清川橋だ。

清川橋からはいよいよ本格的な登りとなる。ここまでの道のりですらまだまだ序盤だったと言えるほどの登りで、月山山頂まで一気に標高差１０００メートルを登る。羽黒山口コースや志津口コースと同等以上の登りを終えた後に、鳥海山に登るのと同等の登りが待っていると考えると、肘折口コースを登ることの大変さが理解できるのではないだろうか。

沢の中を歩くような道、まるで崖の縁を歩くような道に加えて急斜面を登っていく。途中、草原地帯に出ると少し心が休まる。振り返ると念仏ヶ原と小岳が見え、歩いて来た道のりの長さに驚く。ロープが設置された急斜面をいくつか登り、木道が敷設された小湿原を通過しながら淡々と高度を稼ぐ。休憩に適した場所はなく、立ち止まって休むほかはない。

千本桜の標識を見る頃、景色は開け月山の頂にかなり近づいていることを実感

長かった道のりの末にたどり着く月山の山頂

肘折口コースを遠望する

できるようになる。しかし、千本桜からでもまだまだ400メートルの標高差を登らなくてはならない。疲労を強く感じる頃であろうが、この付近から高山植物が多く見られるようになる。美しい景色とかれんな花を眺め英気を養いながら、諦めずに頂上を目指したい。

「賽《さい》の河原」と呼ばれる場所は全国の至る所にある。

念仏ヶ原を過ぎてなおも道は続く

石が積み上げられ、さんずの川の河原とされるが、肘折口コースにある賽の河原は美しいお花畑であり、風が吹き抜ける草原だ。草原は傾斜が幾分緩やかに感じる所が多いが、岩を手で保持して上り下りするような場所もあり、滑りやすい岩でもあるため注意が必要だ。

　また、月山は視界不良になりやすい山であり、賽の河原のような広く緩やかな地形だと方向を見失いやすい。特にこの付近は遅くまで雪が残るため視界不良になりやすい。岩に付けられた赤い目印を頼りに、また明瞭な踏み跡を頼りに道を見失わないようにしたい。

　月山神社や頂上小屋の建物が大きく見えると、長かった道のりの終わりを感じるだろう。これだけの長い道のりを歩き遂げた達成感は成し得た登山者のみが味わえる特別なものだ。よくぞここまで歩いて来たと自分で自分をたたえたくなるだろう。

　しかし、登山とは自分の足で歩いて目的地にたどり着くことであり、多くの場合は、出発した登山口が本当の目的地だ。山頂は折り返し地点なのである。肘折口コースでの登頂の喜びを確かに感じながら無事に登山口に戻りたい。本当のゴール、本当の感動は帰路を歩き終えた時にこそ得られる。

コースPHOTO

①広い駐車スペースを持つ登山口

②トラバース気味の道が長く続く

③沢をまたぐ箇所は滑りやすい急斜面が多い

④道中の数少ない人工物

⑤小岳手前にある小湿原

⑥念仏ヶ原避難小屋は宿泊が可能だ

⑦念仏ヶ原には長い木道がある

⑧清川橋を渡る

⑨所々不明瞭な道を登る

⑩千本桜を過ぎると傾斜が緩む

⑪賽の河原は視界不良時に注意したい

⑫頂上台地の分岐

コースMAP

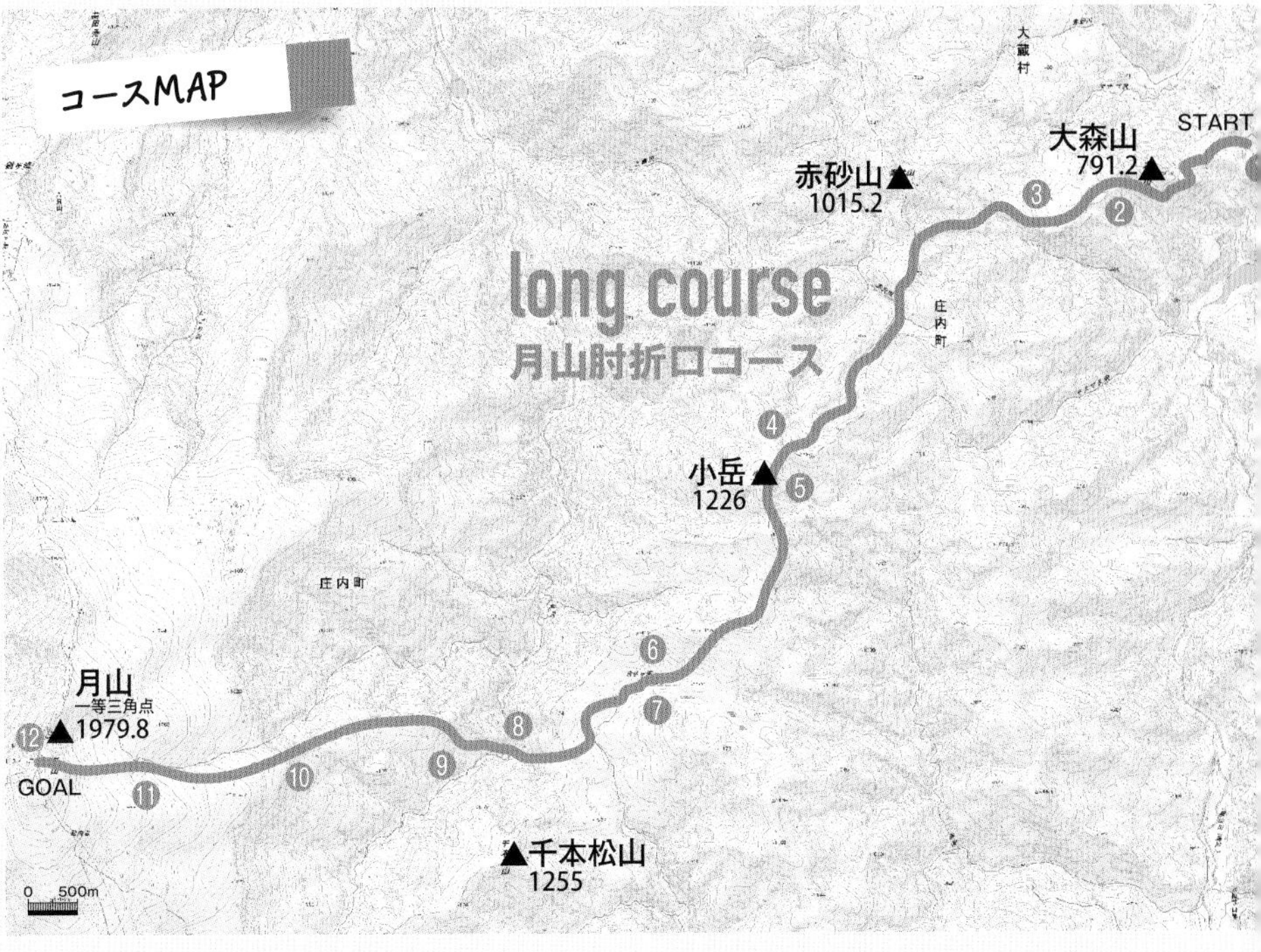

◉登山口　肘折登山口　◉参考タイム　10時間20

月山周辺の花々

月山に咲く花は、雪解けとともに咲き始め、紅葉の直前まで楽しめる。本書では主な花を48種紹介する。貴重な高山植物を楽しんでほしい。

イワイチョウ

アカモノ

アオノツガザクラ

イワショウブ

イワカガミ

イワウメ

エゾオヤマノリンドウ

ウメバチソウ

ウサギギク

イワナシ

オゼコウホネ

エゾノツガザクラ

キオン

キンコウカ

キヌガサソウ

クロユリ

コバイケイソウ

コシジオウレン

コエゾツガザクラ

ゴゼンタチバナ

コメバツガザクラ

チシマギキョウ

ツガザクラ

チングルマ

チョウジギク

タチギボウシ

ニッコウキスゲ

トウヤクリンドウ

トウゲブキ

ツマトリソウ

ハクサンシャジン

ハクサンシャクナゲ

トキソウ

ハクサンイチゲ

ハクサンフウロ

ハクサンチドリ

ミズバショウ

ホソバノイワベンケイ

ヒナウスユキソウ

ミヤマキンバイ

ミヤマガラシ

ヒナザクラ

ミヤマキンポウゲ

ミヤマシオガマ

ワタスゲ

リュウキンカ

ヨツバシオガマ

ミヤマリンドウ

月山に登る前に

非日常を感じることができる登山は誰もが楽しめるスポーツだが、事故や遭難の危険も伴う。事前に計画を立て、しっかり準備を整えてから出掛けたい。

■月山の注意

・訪れる季節、天候によって求められる装備、体力、技術が大きく異なる。降雨、強風、低温、降雪、積雪の情報を確認し余裕のある行動計画を立て、十分に安全に配慮すること。
・本書のコースガイドに表示した難易度は、無雪期の登山を想定している。厳冬期、残雪期では難易度が大きく異なる。
・クマ、イノシシの目撃情報が多数寄せられていることから、遭遇に際して適切な行動が取れるよう備えをしておくこと。
・携帯電話の電波が届かない場所も多くある。

■安全のために

・登山者カード（入山者カード）に記入して登山口備え付けの専用箱に入れるか、最寄りの警察署へ登山計画書を提出する、オンラインで提出するかのいずれかを登山開始前に済ませておくこと。
・登山道以外は原則立ち入らないこと。
・地形図とコンパス、スマートフォン用の地図アプリを用意し、道迷いに注意すること。
・地震や地鳴り、鳴動など異常を感じたときは、慌てず速やかに下山すること。
・月山では遭難時の捜索サービス「ココヘリ日額レンタル」が利用できる。詳しくはウェブサイトなどで確認の上、活用してほしい。

■入山（登山）規制について

・落石や増水などにより、入山（登山）が規制される場合があるので、事前に登山口を管轄する山形県など各自治体からの情報を確認すること。

■編集・制作

執筆　太宰智志
編集　塚　崇範（山口北州印刷株式会社）
撮影　太宰智志
　　　小松基広
　　　米城一政
　　　岩井美裕希
デザイン　高橋龍一郎（山口北州印刷株式会社）

■協力

月山ビジターセンター／出羽三山神社／庄内町役場立川庁舎
鶴岡市役所羽黒庁舎／鶴岡市羽黒町観光協会／鶴岡市役所朝日庁舎
鶴岡市あさひむら観光協会／大蔵村役場／西川町役場／寒河江市

本書の使い方

・各コース名には通称を採用している。
・本文中の時間表記、各コースの参考タイムは目安である。休憩時間は含まない。
・参考タイムなどは、登山道の状態や登山者自身の体力、技量によって大きく異なる。
・各コースの難易度、体力度は星が多いほど難しく、体力を必要とする。
・コースガイドにはできるだけ具体的な時期を記している（例:初夏まで大規模な雪渓が残る）が、その年によって様子が違ったり、ずれることがある。

南東北名山ガイド
月山
GASSAN

発　行　2023年4月28日
発行者　武井　甲一
発行所　河北新報出版センター
〒980-0022
仙台市青葉区五橋一丁目2-28
株式会社河北アド・センター内
TEL　022（214）3811
FAX　022（227）7666
https://kahoku-books.co.jp/
印刷所　山口北州印刷株式会社

ISBN 978-4-910835-06-8
定価はカバーに表示してあります
乱丁・落丁本はお取り替えいたします

■本書の地図は、国土地理院の電子地形図25000（自由図郭：月山周辺）に本書オリジナルの登山情報を追記して掲載したものです。
■本書の情報は2023年4月現在のものです

【正誤表】

南東北名山ガイド「月山」に誤りがございました。
訂正してお詫び申し上げます。

8ページ

誤　南の羽黒山、西の湯殿山

正　北の羽黒山、西の湯殿山

初版第1刷　2023年4月28日